सारांश

(कुछ है पाया , और कुछ कही खो दिये)

Amit Kumar Singh

Dedicated to my wife Mrs Kamini, my two pretty children and at last the most important institution in my life, my Bank Employer.

Acknowledgement

I am deeply indebted to my Hindi Medium School Dayanand Arya Vaidik High School (Arya Samaj), Hazaribag (Jharkhand) and all its teachers who taught me the language Hindi and provided all freedom with due discipline that I can dare to endeavour the New. I gratefully acknowledge the role of the Institutions vid St. Columba's College (Vinoba Bhave University), Hazaribag (Jharkhand) and later MGMIMSR (Mahatma Gandhi Mission Institute of Management Studies & Research), Navi Mumbai under University of Mumbai, Mumbai (Maharashtra) who could shape me as a Citizen of India.

Preface

I believe a poem or song is a scientific permutation of words put in an artistic manner through which one's opinions, understandings and experiences of a Life's Episode including fiction are given shape.

Once you would ask me "What is life?" then I would answer "Life is summation of experiences. Experiences can be of any type and any grade." And once you would ask me "What's the purpose of life of anybody?" then I would answer "The purpose of Life of any human being is to let pass oneself through best possible experiences as per contemporary time's rule."

In this pursuit, I have written a set of poems on Motivation, Vigor, Dedication towards the Almighty, Fiction, Entertainment and Patriotism.

While "Ruko Nahi, Badhe Chalo..." and "Sitara Safalta ka" are songs of Motivation for all of us as we all are progressing in our life day after day. The poem "Maa Saraswati, He Vidyadevi..." is an attempt to offer the prayings to Maa Saraswati and is an apt match for school-going students who are seeking "Vidya". Similarly, "Mera bhi Jeevan Nikhare" is a prayer on the theme "Vasudhaiv Kutumbakam" in which blessings have been sought from the Gods for all of Humankind and for oneself also. The prayer "Suryadev ko Pranam hai" is written in which the pious festival "Chhath" is delineated.

The poem "Tere Sang Kheli, Saat Holi" is written to celebrate the togetherness with one's life partner. The poem "Aaina jab hai dekhe Roop Tera", and "Jab Sang Hue thhe Hum" are all written to celebrate the Life with one's life partner in a bond of nuptial.

"Sapno ke Bharat ki Tumko sair karate hai", "Jisko kahate hai Bharat Vatan saathiyo", and "Ab Hamare Hawale Vatan Saathiyo" are all pieces of writing in the pursuit of Patriotism towards the Motherland, our beloved country India.

"Hawa par sawaar meri Pehli Uraan" is a growing child's imagination when he sees the open sky and the aeroplane for the first time. Similarly, "Ham Ladkiya hai Bhavishya ki Kunji" is a demonstration of Victorious Girl Child in India.

"Saaransh", "Experiences ka Lutf Lije" and "Kuchh hai Paya, aur Kuchh kahi kho Diye" are the depictions of deep Life in which we all are progressing. I hope the readers will all like these.

"Techonology se connected", "Khushi se Damakta hum Sabka Chehra Pyara", "Pyar ke Kaee Rang", "Mujhe yun dekhkar Mummy bhi Muskurati thee" and "Radio oonche Swar me Gata hai" are all pieces of entertainment and celebration of life with all cheerfulness.

At last, I would say, above all are nothing but Epitome of a Life and so the title of the book "Saaransh", sharing with all the readers.

१. रुको नहीं, बढ़े चलो, की साँसे अभी बाकी है

सुगम जो हो रास्ते तेरे, और तेज़ चल
कि कोई बाधा नहीं।
ज़रा रास्ते के फूलों को भी देखता चल
कि हमेशा बसंत नहीं होता।
भर ले खुशबू साँसो में
कि अच्छी यादें भी ज़रूरी हैं।
पर यह समझ कर रुकना नहीं,
कि यही तेरी मंज़िल है।
जीवन है बहुआयामी
कि इसके कई पहलू हैं
रुको नहीं, बढ़े चलो, कि साँसे अभी बाकी हैं।

अगर रास्ते में बाधा है
कर विजय बाधा पर,
तू आगे बढ़।
न होना विजय मे उन्मत्त
कि अभी कई बाधाएँ और बाकी हैं,
न हो तू हतोत्साहित
इन अगणित बाधाओं से
जीतेगा तू कई बाधाएँ
गिरेगा, संभलेगा, पुनः बढ़ेगा
थक भी जाएगा तू
कर विश्राम, उपयुक्त समय का इंतज़ार कर,
भर नथुनों मे नया तूफान
भुजाओं मे बल, आँखों मे नई चमक
कुछ नए अस्त्र ले,
तनिक परिवर्तन ला रणनीति में,
दे धार प्रवीणता को,
जीतेगा तू, विश्वास रख।
कि जीवन बहुआयामी है
इसके कई पहलू हैं
रुको नहीं, बढ़े चलो, कि साँसे अभी बाकी हैं।

ठीक कहा है कि
"मानव जब ज़ोर लगता है
पत्थर पानी बन जाता है"

प्यास तेरी बुझेगी सफलता पा कर
मना ले खुशी, कि आज जश्न है
जी ले जीवन को जी भर के
की तू विजयी है।
पर सफलता तो यह प्रथम है
तू क्यो उन्मादित हुआ जाता है
अभी शतरंज, घुरदौर और मैराथन की रेस बाकी
है।
साँसे, दम और उपयुक्त गति
हमेशा बनाए रखना।
रख हौसला,
दे धार प्रवीणता को,
ले नया अस्त्र
तू विजयी होगा।
कि जीवन बहुआयामी है
इसके कई पहलू हैं
रुको नहीं, बढ़े चलो, कि साँसे अभी बाकी हैं।

2. तेरे संग खेली, सात होली

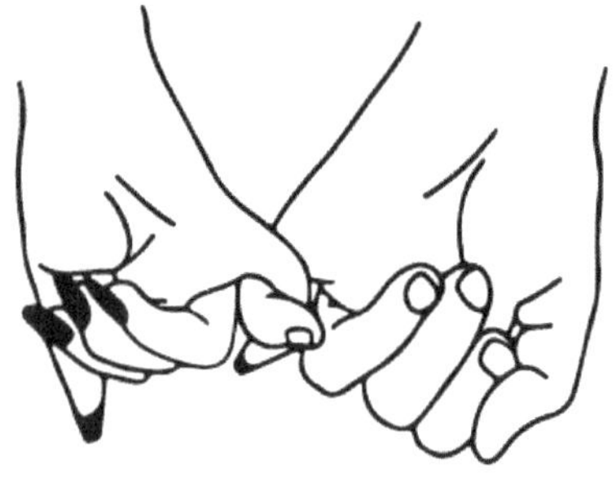

धूमधाम रंगो की होली लाया फाल्गुन
दिन पूर्णिमा, हंसी-सहेली, संग हम और तुम
मथुरा-गोकुल-ब्रज-अवध सब खेले होली
रंगो का त्योहार है आया, "हैप्पी होली"।

बसंत की होली संग तेरे खेली, कितनी सारी
तो आओ खेलें होली हम-तुम, सजनी-साजन।

फूलों की होली वृन्दावन और पुष्कर वाली
पहली होली संग थी तेरे कृष्णा और राधा वाली
मानो कृष्ण है खेल रहे राधा संग होली
हमने भी थी खेली होली, फूलों वाली।

रंग बसंती, फाल्गुन मास, वो पहली होली
तो आओ खेलें होली हम-तुम, सजनी-साजन।

राजसी होली उदयपुर की याद है अब तक
महलें शान की, घोड़े-ऊँट, बाग-बगीचा
मानो राजा-रानी खेल रहे हैं
हमने भी थी खेली होली, रजवाड़ों वाली।

लाल गुलाल, हरा गुलाल और गुलाल गुलाबी
तो आओ खेलें होली हम-तुम, सजनी-साजन ।

रंग-पंचमी मुंबई की गोविंदा के संग
तीसरी होली संग थी तेरे और मुंबई के रंग
नगर-मोहल्ले खेल रहे सब रंग-पंचमी
पिया बसंती, रंगी-फाल्गुन, संग हम और तुम।

पैर बढ़ाना, सर को झूमाना, बॉलीवुड की धुन पर
तो आओ खेलें होली हम-तुम, सजनी-साजन।

बसंत उत्सव, कोलकाता की चौथी होली
संग हमारे, खेले होली तेरी छोटी सहेली
छोटी सहेली, पुत्री हमारी, के संग पहली होली
जब था रंग लगाया, नन्हें गालों पर
चमक उठे थे नैना उसके, "आओ खेलें होली।"

याद है अब तक, उत्सव वसंत, कोलकाता की
गलियाँ
तो आओ खेलें होली हम-तुम, सजनी-साजन।

पटना की फगुआ और रंग गुलाबी
पांचवा साल, पटना नगरिया , संग हम और तुम
नन्हा पुत्र, लगा रहा रंग, नन्हें हाथों से
अद्भुत अनुभव उस होली की याद है अब तक
ठंडाई थोड़ी, गुजिया थोड़ी, "आओ खेलें होली।"

बसंत की होली संग तेरे खेली, कितनी सारी
तो आओ खेलें होली हम-तुम, सजनी-साजन।

हल्दी की होली, मंजल-कुली, केरला वाली
रंग साथ मे, लोग साथ में, और "हैप्पी होली"
हल्दी-पानी रंग लगाया एक-दूजे को
देवों की नगरी मे जब हमने खेली होली।

आनंद के रंग, प्यार के रंग और रंग ख़ुशियों के
तो आओ खेलें होली हम-तुम, सजनी-साजन।

डोला उत्सव, तेरे संग, पूरी वाली
घूम रहे शहर में हम और "हैप्पी होली"
अबीर लगाना, ढोल बजाना, तेरी हर अठखेली
याद है मुझको अब तक अपनी सातवीं होली।

सारा समंदर ही रंग डाला होली के रंगो से
तो आओ खेलें होली हम-तुम, सजनी-साजन।

आज है आई होली फिर से, रंगों वाली
दिन पूर्णिमा, हँसी-सहेली, संग हम और तुम
फाल्गुन आई, फिर से लायी, कितने ही रंग
तो खेले होली, फिर से हम-तुम, सजनी-साजन।

बसंत की होली संग तेरे खेली, कितनी सारी
तो आओ खेलें होली हम-तुम, सजनी-साजन।

"सदा आनंद रहे यही द्वारे, मोहन खेले होली रे।"

3. आईना जब है देखे रूप तेरा

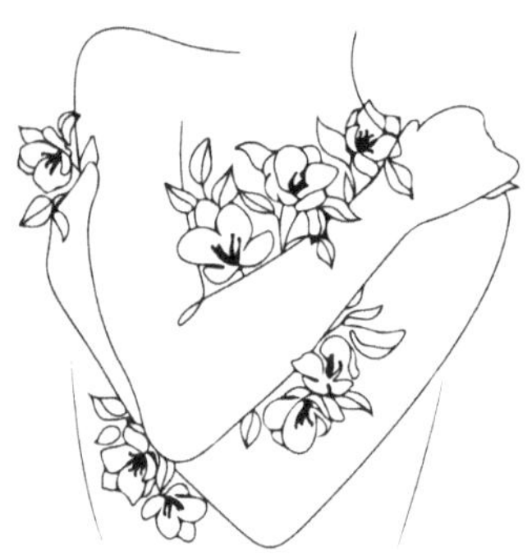

आईना जब है देखे रूप तेरा
चमके वो भी मेरी आँखो की तरह
कानों की बालियाँ, ओठों की लालिया
लटें उलझी हुई करती अठखेलियाँ।
वाणी मधुबन की जैसे, कोई कोकिला
सुन लो मेरा विनय, ओ मेरी चंचला।

आईना जब है देखे रूप तेरा
चमके वो भी मेरी आँखो की तरह।

ये उम्र का है जादू प्रियतम मेरे
यह तो वो फूल है बागों मे खिले
सुलझी हर पंखुड़ी, बूँदें ओस की
है सँवारा करे ये यौवन तेरा।

आ मेरे बाग में, मैं भी छू लूँ तुझे
तू निखर जाएगी, जो लगेगी गले।

आईना जब है देखे रूप तेरा
चमके वो भी मेरी आँखो की तरह।

ये जो इठलाती तेरी कदम चाल है
जंगलों में भटकती हो कोई हिरण
पैरों की ठाप मानो है, बजता मृदंग
लोच कूल्हे की हिलती हुई डालियाँ।
ले लो संगत मेरे गीतों की सनम
सुर मिलेगा जो तेरा, बनेगी सरगम।

आईना जब है देखे रूप तेरा
चमके वो भी मेरी आँखो की तरह।

आँख कजरारे तेरे हैं काली कलम
लिखा इतिहास इसने है कितनी दफ़ा
भौं की कामीनिया मानो कोई धनुष
पलके खुलती हैं जैसे हो खिलता कँवल।
आ मिलकर रचे अपने अनुराग को
हो धनुष इन्द्र का जो है ऐसा मिलन।

आईना जब है देखे रूप तेरा
चमके वो भी मेरी आँखों की तरह।

4. प्रार्थना – "मेरा भी जीवन निखरे"

मेरी भक्ति इस सृष्टि में,
हे ईश्वर तेरे लिए है
मेरे कर्म ऐसे हो ईश्वर,
तेरी सृष्टि सुंदर हो जाए।
 मेरा भी जीवन निखरे
 मानवता भी निखार पाए।

हे प्रभु, अपने भक्तों में
ऐसी क्षमता निर्माण करना
कर सके दूर मानव कष्टों को
मानव जीवन आदर्श बन जाये।
 मेरा भी जीवन निखरे
 हर परिवार सुख को पाए।

हे ब्रह्मा, निर्माण करना
हम मानव को कुछ ऐसे

कर सकें हम सुंदर भविष्य निर्माण
मानवता विजय को पाए।
          मेरा भी जीवन निखरे
          भविष्य सुखमय हो जाये।

हे विष्णु, करते हैं अर्पण
अपनी निर्मल भक्ति तुम्हीं को
हो व्यधा-विपत्ति मुक्त जीवन
हम वैकुंठ के सुख को पाए।
          मेरा भी जीवन निखरे
          हम सर्वत्र विजय को पाए।

हे शिव, सुध लेना हमारी
हर कृपा बनाए रखना
हम भी पाएँ समाधि के सुख को,
तेरी सृष्टि सुंदर हो जाये।
          मेरा भी जीवन निखरे
          हमारी प्रकृति भी निखार पाए।

हे सूर्यदेव, तुमसे है रोशन
जगत हम मानवों का
तेरी किरणों सी निर्मल हो काया
स्वास्थ्य का सुख सबको मिल पाए।
          मेरा भी जीवन निखरे
          हर जीवन-चक्र संपूर्णता पाए।

हे इन्द्रदेव, देवों के राजा
हम प्रजा तेरे साम्राज्य की हैं
हम भी पाए देवों की कृपा को
ना हो विचलित जीवन हमारा।
        मेरा भी जीवन निखरे
        हर परिवार यशोधन को पाए।

हे विष्णु-अवतारी "श्री राम"
करते जयघोष अब हम तुम्हारी
हो जाये निर्मल मन हमारा
हर संग्राम हम जीत लाये।
        मेरा भी जीवन निखरे
        हर राम विजय को पाए।

हे हनुमान, तुमसी हो हमारी
श्रद्धा-सत्य रघुबर-सीता में,
अपना आशीष सदा बनाए रखना
हे बजरंग-बली हमपे तुम्हारा।
        मेरा भी जीवन निखरे
        हो सर्वत्र विजय हमारी।

हे कृष्ण, सोलह-कला अवतारी
नाश पापों का करने वाले
भय-व्याधा-दोष मुक्त हो जाये जीवन

रखना आशीष हमपे तुम्हारा।
मेरा भी जीवन निखरे
हर जीवन गोविंद-सुख को पाए।

हे जगतमाता, सम्पूर्ण सिद्धि-दात्री
हम हैं संतान माता तुम्हारी
सत्यपथ से मन विचलित ना हो
मानवमन प्रेममय हो जाये।
मेरा भी जीवन निखरे
मानवता भी निखार पाएँ।

5.   सपनों के भारत की तुमको सैर कराते हैं

सपनों के भारत की तुमको सैर कराते हैं
अपने कौशल, अपने बल से, एक देश बनाते हैं।
देश जो हो समृद्ध, हर इक वाशी जहां उन्नत
मानचित्र पर विश्व के, नया दीप जलाते हैं।

सपनों के भारत की तुमको सैर कराते हैं
अपने कौशल, अपने बल से, एक देश बनाते हैं।

विज्ञान की शक्ति से, नव-प्रकाश को लाते हैं
प्रमेय बनाते हैं, नूतन सिद्धांत सिखाते हैं
भौतिकी में होमी भाभा को याद ज़रा कर लो
यंत्र खुद से बनाते हैं, चलो कदम बढ़ाते हैं।

सपनों के भारत की तुमको सैर कराते हैं
अपनी विद्या, अपने ज्ञान से, एक देश बनाते हैं।

खुद से खुद को चलो, ललकार के आते हैं
निरक्षरता का हो अंत जहां, विद्यालय जाते हैं।
हर विषय अनोखा है, अपने में है कुछ खास
चाहे बाधाएँ अनेक, पर जीत के आते हैं।

सपनों के भारत की तुमको सैर कराते हैं
कर्मबल, बुद्धि, विवेक से, एक देश बनाते हैं।

एक सोच से होता सृजित, एक व्यापार की
संरचना
हर राज्य को इक विकसित, बाज़ार बनाते हैं
प्रबंधन शास्त्र को हम सीखें, प्रोद्यीगिकी करें
विकसित
ऊर्जा से संपूरित, हर नगर बसाते हैं।

सपनों के भारत की तुमको सैर कराते हैं
उद्योगी प्रकृति, तदबीर से, एक देश बनाते हैं।

जो हो पूर्ण उज्ज्वल, उत्कर्ष को हो उन्मुख
गौरवान्वित और सम्पन्न, संस्कृति बसाते हैं।
उत्तर से दक्षिण और, पूरब से पश्चिम को

विविध फसलों से भरपूर, कृषि उगाते हैं।

सपनों के भारत की तुमको सैर कराते हैं
उद्यम, उत्तम नीति से, एक देश बनाते हैं।

संतोष तो सुख है पर, असंतोष ही है जननी
हर पराव पर हो विश्राम, फिर नव-कदम बढ़ाते हैं।
जहां वातावरण निर्मल, हर कला जहां विकसित
खेल-कूद में भी, नए इतिहास बनाते हैं।

सपनों के भारत की तुमको सैर कराते हैं
स्वास्थ्य बल, परंपरा ज्ञान से, एक देश बनाते हैं।

भारत बनाते हैं, एक देश सजाते हैं
सपनों के भारत की तुमको सैर कराते हैं।

6. सारांश

चलो आज का दिन तुम्हारे नाम किया
तुम ख़ुश रहो इसका इंतज़ाम किया,
हाज़िर हूँ आज तुम्हारे सामने
दिल की गहराइओं से जो चाहो
आज बोल दो,
तुम ख़ुश रहो,
मुस्कुराओ,
ए आज हमारी भी ख़्वाहिश है
दिन क्या चीज़ है
खुद को आज तुम्हारे नाम किया।

जब से पाया तुम्हें,
न मेरी कोई हसरत बाकी रही,
ज़िंदगी को खूबसूरत बनाने की खातिर,
हमेशा जीता रहा मैं अपनी ज़िंदगी,
तुम भी जीती रही,
अपना जीवन,
लगी रही इसे और निखारती।

संसार बच्चों का भी
सँवरता गया,
बच्चे भी ख़ुशियाँ लुटाते गए
हमारे जीवन में।
समय के कारवां से गुज़र रहे हैं
हम सब,
समय के अन्तराल पर
हिसाब लगाता रहता हूँ
मैं अकेले,
कहाँ थे, कितना बदल गए,
क्या बन गए हम सब,
कर लेता हूँ याद
मील के पत्थरों को,
आकलन कर खुद का,
सारांश देता हूँ स्वयं को,
लेता हूँ नया प्रण,

करता हूँ कमिटमेंट खुद से,
फिर जीवन मे आगे बढ़ जाता हूँ।

पर हम दोनों,
का भी इक लाइफ हैं
आज फिर याद आया मुझे,
हुई बेचैनी,
लिया निर्णय,
इसलिए हाज़िर हूँ आज तुम्हारे सामने,
तुम खुश रहो,
हम मुस्कुराएं,
ए आज हमारी भी ख्वाहिश है
दिन क्या चीज़ है
खुद को आज तुम्हारे नाम किया।

7. हम लड़कियाँ हैं भविष्य की कुंजी

बाधा बड़ी कठोर थी
साक्षात पर्वत ही था राह रोके
पर हम उन्मुक्त,
भविष्य को अग्रसर,
लड़कियाँ,
अपनी राह बना ही ली
देखो हमने भविष्य की कुंजी पा ही ली।

आसान कभी न थे,
हमारे रास्ते
पर हमने आस न छोड़ी,
कभी चले अकेले
कभी चले साथ सबके,
समकालीनता के साथ हम

हर विद्‍या भी सीखी हमने,
हम लड़कियाँ,
देखो हमने भविष्य की कुंजी पा ही ली।

जो आया है आज का समय
ज्ञान प्राप्त करने का
सीखने और सिखाने का
हम गए स्कूल और कॉलेजों को
सीखा किताबों को, की दोस्ती कंप्यूटर से,
करेंगे प्रखर योगदान
भविष्य के निर्माण में
निर्माण स्वयं का, परिवार, समाज और राष्ट्र का
क्योंकि,
हम लड़कियाँ ही हैं भविष्य की कुंजी
हम हैं "विजेता"
हमने अपनी राह बना ही ली।

8. माँ सरस्वती, हे विद्‍यादेवी, माँ शारदा, ब्राह्मणी तुम

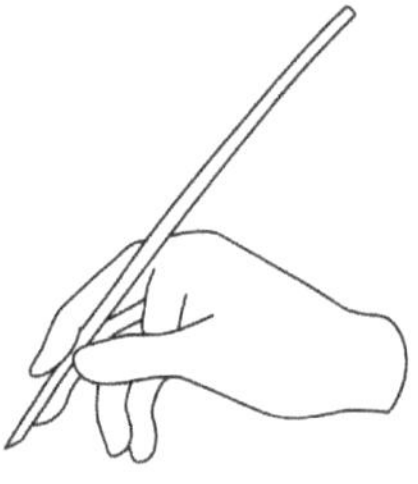

माँ सरस्वती, हे विद्‍यादेवी, माँ शारदा, ब्राह्मणी
तुम
प्रार्थना माँ तेरी करते, करते पूजन आपका
हो दूर मुझसे दोष मेरे, दूर सारे क्लेश हो
कर सकूँ विद्‍या ग्रहण हे माँ, सद्‍गुणों का विकास
हो
वाणी मेरी हो जाये निर्मल, अज्ञानता का नाश हो।

माँ सरस्वती, हे विद्‍यादेवी, माँ शारदा, ब्राह्मणी
तुम।

पंक दल में जैसे खिलता है कमल माँ आपका

कर सके ना फिर भी कलूषित, निर्मल कमल को पंक ज्यो
हो आत्मा और कर्म मेरे, निर्मल कमल सा शारदे
ना कर सके मुझको कलूषित, विकार दुनिया के हे माँ।

माँ सरस्वती, हे विद्यादेवी, माँ शारदा , ब्राह्मणी तुम।

हे वीणापाणि शारदे माँ, ज्यो अभ्यास तुमको वीणा का
वर दो हे माता शारदे , हो कृपा माता आपकी
अभ्यास विद्या का मै उत्तम कर सकूँ माँ शारदे
लेखनी, वीणा या सन्यत्रों का पूर्ण अभ्यास हो

माँ सरस्वती, हे विद्यादेवी, माँ शारदा, ब्राह्मणी तुम।

हे हंसवाहिनी शारदे माँ, रखना कृपा हे मुझपे माँ
कर सकूँ भेद अच्छे-बुरे का, सही-गलत का ज्ञान हो
उत्कृष्ट-तुक्च्छ में भेद पाऊँ, निर्णय सही में कर सकूँ
हे ज्ञानदेवी, माँ शारदे , मुझपे कृपा हो तेरी माँ।

माँ सरस्वती, हे विद्यादेवी, माँ शारदा, ब्राह्मणी तुम।

माँ शारदे आभा तुम्हारी, प्रकाश लाती ज्यो है माँ
कर सकूँ मैं निर्माण स्वयं का, पथ विजय का पा सकूँ
अनंत ज्ञान है तुझमें माता, तू सृजन करती है माँ
अपना निर्मल आशीष मुझपे, तू सदा रखना हे माँ।

माँ सरस्वती, हे विद्यादेवी, माँ शारदा, ब्राह्मणी तुम
प्रार्थना माँ तेरी करते, करते पूजन आपका।

९. टेक्नालजी से कनेक्टेड

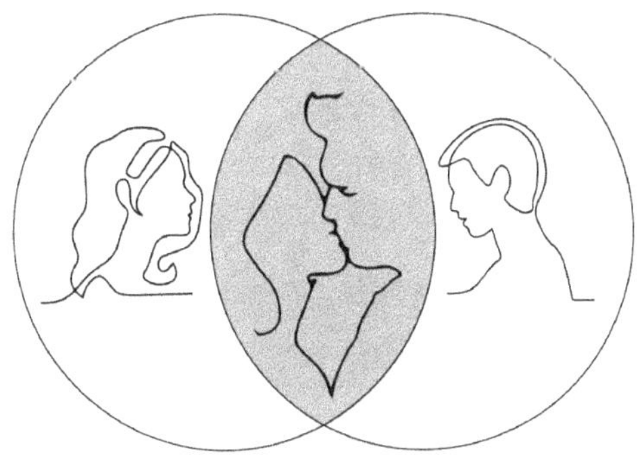

क्या करें
आधुनिक युग बड़ा करारा है
वाइफ़ पटना मे
मैं मुंबई मे ऑफिस-ऑफिस
बच्चे दिल्ली मे कॉलेज-कॉलेज
कर रहे हैं।

वक्त के इस दौर मे
बस टेक्नोलोजी का ही सहारा है
स्मार्ट-फोन पर रहते हैं कनेक्तेड
और प्यार बना रहता है
विडियो कॉलिंग होता ही रहता है
बच्चे डिसिप्लिण्ड

और वाइफ़ का साथ बना रहता है।

सोच में रहते हैं सब जीवंत
और होठों पे हल्की मुस्कुराहटें
साथ बिताएँ लंबे और अच्छे दिनों
की याद बनी रहती है
और ख़्वाबों में लंबे वीकेंड
का अच्छा सा मिलने का
प्लान बना रहता है
टेक्नोलोजी से रहते हैं कनेक्टेड
कि साथ बना रहता है।

१०. जिसको कहते हैं भारत वतन साथियों

है यक़ीं, नाज़ भी, मुल्क ऐसा मिला
जिसको कहते हैं भारत वतन साथियों
वक़्त देखे कई, और कई दौर भी
पर हैं बढ़ते कदम आज भी साथियों।

है यक़ीं, नाज़ भी, मुल्क ऐसा मिला
जिसको कहते हैं भारत वतन साथियों।

चाहे आया किए, हमलावर कोई
लड़ते ही हम गए, चाहे सामने कई
देखा गोरों को भी, और सिकंदर कई
पर एक भाल है, छत्र का साथियों।

है यक़ीं, नाज़ भी, मुल्क ऐसा मिला..

चाहे जाना हो चाँद और मंगल पे भी
सीखते ही गए, हम हुनर और कई
पानी को भी है चीरा, कुछ इस तरह
दिल दहलते है कई और के साथियों।

है यक़ीं, नाज़ भी, मुल्क ऐसा मिला..

हिम भी है और हिमालय भी बसता यहाँ
गंगा भी, और गोदावरी सी नदियाँ यहाँ
जंगलों को भी जानते हम सभी
रेतों के टीले भी उत्तर मे सजा
मिट्टी उगला करे, शक्ति को शक्त को
कुछ ऐसा वतन, है यहा साथियों।

है यक़ीं, नाज़ भी, मुल्क ऐसा मिला..

बढ़ते जाएंगे, हमको तो है यक़ीं
विज्ञान हो कोई, विद्या हो और कई
है हमारा चमन, जो है सजता यहा
सिर को शीर्ष तक ले जाएँगे साथियों।

है यक़ीं, नाज़ भी, मुल्क ऐसा मिला..

११. सितारा सफलता का

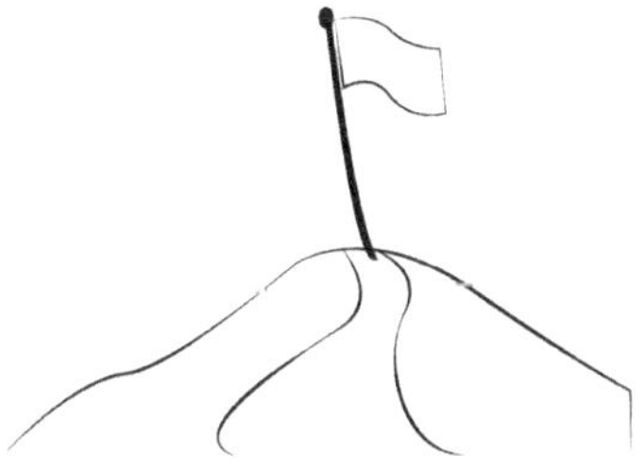

चार त्रिभुज सफलता वाले
लो युवा तुम जान,
युवती लो पहचान इसे,
बालक-बालिका लो इसका ज्ञान।

सपनों को ज़रूर देखना,
मुश्किल लो पहचान
करो डिस्कस इन दोनों को स्वयं से
अन्य का लेना ओपिनियन,
ले निर्णय
बढ़ जाना पथ पर
प्रथम त्रिभुज का यह ज्ञान।

अब आई बारी कर्म की,
ईसमें कभी न चूकना,
ले अनुमान
समय-समय पर सफर का
उत्साह से करना काम।

इन दोनों त्रिभुज को मिलाओ,
एक सीधा, एक उल्टा
बन जाएगा एक सितारा
ज़रा गौर से देखना।

तीजे त्रिभुज के शीर्ष पर,
बैठा <u>समय</u> बलवान,
लेगी पूर्ण परीक्षा तेरी,
<u>टफ़नेस</u> और <u>सच्चाई</u> का,
देना होगा एग्ज़ाम यह स्वयं,
करना होगा उतीर्ण,
बढ़ जाना तब पथ पर स्वयं से,
समय कर रहा तेरा इंतज़ार।

त्रिभुज की रचना,
गणित से है,
लो इक सबक और गणित से,
गलती ना हो ढाई प्रतिशत से ज्यादा,
स्टैंडर्ड एरर का रखना ध्यान।

चौथा त्रिभुज आएगा तब ले
<u>भाग्य</u> इक शिखर पर,
दूजा शिखर लाएगा <u>सीढी</u>
चढ़ जाना तुम स्वयं से,

तीजे शिखर पर रखना नज़रें,
इस पर बैठा है <u>अनुभव</u>।

फिर से मिलाओ दोनों त्रिभुज,
एक सीधा, एक उल्टा
बन जाएगा इक सितारा,
ज़रा गौर से देखना।

भाग्य की परछाई है काली,
नाम है इसका बैड-लक,
परछाई भी कभी हो सकती
है बाधा,
ज़रा गौर से सोचों,
पर जब नज़रें तेरी रहेंगी,
काली परछाई पर,
तभी चमकता शिखर भाग्य का,
कर देगा तू भगा,
हो जाएगा विफल तू तब,
मौका देगा गवां।

पर कभी ना हार मानना,
फिर सिर को उठा ले देख,
और बुलंदी से रहेगा चमक,
शीर्ष अनुभव वाला,
सीख सबक बढ़ जाना पथ पर,

कभी हार ना मानना।

जब आएंगे दोनों सितारें,
तेरी दो मुट्ठी में,
तीजा सितारा आएगा पथ में
लो इसको पहचान,
इक शीर्ष पर होगी <u>सफलता</u>
इक शीर्ष पर <u>शांति</u>
इक पर <u>संतुष्टि</u> का एहसास
लो इसको पहचान।
इक शीर्ष ज़रा होगा <u>मीठा</u>
इक शीर्ष <u>नमकीन</u>
इक शीर्ष <u>चमक</u> खुशियों की
लाएगा अपने संग,
अब तू सफल है
प्रयास में अपने
कर ले थोड़ा विश्राम।

१२. खुशी से दमकता हम सब का चेहरा प्यारा

वीकेंड आया, छुट्टी लाया
हम बच्चों का झुंड आया
अपने संग इक फुटबॉल लाया
जौनी, मिन्नी, सन्नी सारे
बालू, भोलु ...हम दोस्त न्यारे
हम खेलेंगे आज फुटबॉल
कोलाहल होगा चहूँ ओर।

हमारा फुटबॉल मैदान हरा-भरा है
दोनों ओर फुटबॉल-पोस्ट खड़ा है
टीम हमारी ही जीतेगी
भिड़ंत आज भरपूर होगी,
जौनी रेफरी ने सीटी बजाई
टूट पड़े हम फुटबॉल लूटने
पैरों में लग गया तूफान
तेज़ दौड़े हम सीना तान।

हमारे टीम की एकता
एक-दूजे की भरपूर पहचान
जल्द रंग दिखाया इसने
और दागा हमने पहला गोल।
झूम गए हम सब खुशी के मारे
झूम गया आसमान।
खेल खत्म हुआ 1-0 से
और गए हम "जीत"।
हुआ खत्म अब वीकेंड हमारा
खुशी से दमकता हम सबका चेहरा प्यारा।

13. एक्सपेरिएनसेज़ का लुत्फ लीजिए, यही जीवन है

असर तो है की हम सब ज़िंदा हैं
तलाश भला किसकी,
कहाँ किसी को ढूंढते हैं,
जीते हैं खुली दुनिया में
कायदे से हम,
कभी परिवार, कभी सोसाइटी
कभी शॉपिंग मॉल,
और बढ़ते खुले रास्तों पर भी कभी-कभी।

कि जीवन तो बहुआयामी है
संघर्ष और सफलताओं
का जश्न मनता ही रहता है,
हम सब के त्योहारों में,
बच्चों के बर्थडे पार्टी में,

कभी एनिवेरसरी में भी,
कभी बेरंग पानी में
नदियों और समुद्रों में,
नहाने का लुत्फ लेते हैं,
कभी मंदिरों में भी
बेरंग जल चढ़ा देते हैं
खा थोड़ा सा प्रसाद
भगवान का शुक्रिया अदा करते हैं।

जीवन तो एक्सपेरिएनसेज़ का ही,
दूसरा नाम है
कभी नीम कि कड़वी गोली भी खाते हैं
हाजमा दुरुस्त करने को,
कभी जलेबी और पकवानों का भी मज़ा लेते हैं
बस जीते हैं खुली दुनिया में
कायदे से हम,
कि भगवान की बनाई कुदरत,
का मज़ा लेते हैं।

एक्सपेरिएनसेज़ खट्टी-पकी-मीठी
मिलती ही रहती है।

कहा तलाश भला हमको
किसी मंज़िल की,
सफर का लुत्फ लीजिए,

कभ-कभी पसीने मे भी सराबोर हो लीजिए।
भगवान ने कुदरत बनाई,
और लोग कहते हैं
कि हम बस हैं कठपुतली,
पर हम कठपुतली इस कायनात को
करीने से सजा सकते हैं।
एक्सपेरिएनसेज़ का लुत्फ लीजिए,
यही जीवन है।

I4. रेडियो ऊँचे स्वर में गाता है

"ज़िंदगी इक सफर है सुहाना,
यहाँ कल क्या हो किसने जाना"
रेडियो ऊँचे स्वर में गाता है
पूरी बुलंदी से गीत गुन-गुनाता है।

कभी "राजेश खन्ना " के गीत
कभी "हेमा मालिनी" की सरगम
कभी ट्रेन वाली "क्ववाली"
और कभी "कृष्ण" के भजन सुनाता है।

दोपहर की मिड-डे न्यूज़ से लेकर
रात की प्राईम टाइम तक
रखता है खबरों से आपको अपडेट
यही तो करंट-अफेयर्स की कुंजी कहलाता है।

रेडियो ऊँचे स्वर, में गाता है
पूरी बुलंदी से गीत गुन-गुनाता है।

आज है होने वाली क्रिकेट कि भिड़ंत
सारे कान रहेंगे सटे पॉकेट-रेडियो से,
वो देखो जीत गया इंडिया क्रिकेट विश्व-कप
कैप्टन "कपिल देव" को देखो, मंच पर बुलाया है।

आज है आया "लता दीदी" का इंटरव्यू
आज है विश्व हिन्दी दिवस
बन-ठन के हर बच्चे को स्कूल जाना
सुबह–सुबह रेडियो ने ही सिखलाया है।

रेडियो ऊँचे स्वर में गाता है
पूरी बुलंदी से गीत गुन-गुनाता है।

सन 1947 से, सन 2025 है आया
अब तो रेडियो हर मोबाइल फोन मे होता है
कार के डेश्बोर्ड मे जब बजता है संगीत
संग हम भी खूब गाते हैं
विविध-भारती तेरे संग हम भी गुन-गुनाते हैं।

सफर सुहाना जिया है "रेडियो यंत्र" ने भी
आज कल "कारवाँ रेडियो" पर महफिल सजती है
रेडियो-जॉकि के जब बजते हैं गीत,

कदम सबके थिरकते हैं
ए, रेडियो ,
तुझसे हम सब बहुत प्यार करते हैं।

15. कुछ है पाया, और कुछ कहीं खो दिये

ख्वाब देखे कई, की कई कोशिशें
कुछ है पाया, और कुछ कहीं खो दिये।
मंज़िले थी कई, और कई रास्ते
हम भी चलते गए, वक़्त चलता गया।

है मुक़द्दर पे जिनको यहाँ है यकी
वो मुक़द्दर भी हमसे कहीं था मिला
सर को चूमा जो उसके, वो पास आ गया
गले मिल भी लिए, और जुदा हो लिए।

ख्वाब देखे कई, की कई कोशिशें
कुछ है पाया, और कुछ कहीं खो दिये।

ठोकरों की तो हमने परवाह न की
हुए घायल भी हम, लड़खड़ा भी गए
बिजली जब थी गिरी, आसमां से यहाँ
बढ़ा सीना, था उससे भी दो हो लिए।

ख्वाब देखे कई, की कई कोशिशें
कुछ है पाया, और कुछ कहीं खो दिये।

कौन सा वक़्त हमने न देखा यहाँ
हमसफर को भी पाया, कुछ इस तरह
ज़िंदगी का सफर, और भी सज गया
इस सफर में जो इक से दो हो लिए।

ख्वाब देखे कई, की कई कोशिशें
कुछ है पाया, और कुछ कहीं खो दिये।

ज़िंदगी आज लाई, वहाँ साथियों
थोड़ी फुर्सत भी है, कुछ सफल हैं कदम
आज अरमां थे जागे कुछ इस तरह
ले कलम, लिख ही डाली, काग़ज़ों पर नज़्म।

ख्वाब देखे कई, की कई कोशिशें
कुछ है पाया, और कुछ कहीं खो दिये।

१6.   प्यार के कई रंग

मोहब्बत को यूं बदनाम नहीं करते
आपने शायद एक ही रंग
देखा है मोहब्बत का
प्यार तो अपने बच्चों से भी होता है
महबूबा से भी
और ऊपर वाले से भी,
ये जीने की वजह होती है
बेवजह मरने की नहीं।

प्यार के अलावा
कितनी और उलझनें है सुलझाने को
सीखना किताबों को बाकी है
मंज़िल दूर खड़ी है पाने को,
प्यार फिर मिल जाएगा

तुम्हारी और मेरी आखों को,
माना कि जीवन का हमसफर एक ही होता है
वो तुम्हारा भी हो
और मेरा भी
प्यार के कितने रंग अभी तुमने देखे कहाँ हैं
जीवन को यूं ही खूबसूरत नहीं कहते।

इश्क़ के गुलाबी रंग से नज़र
हटा कर देखो,
प्यार के रंग
लाल, हरा और कत्थई भी देखो,
इस प्यार का जश्न
तो हम हर साल मनाते हैं
"बुरा न मानो होली है"
में कई रंगो को
गालों पर, मस्तक पर और पैरों पर
सजा देते हैं।

क्या हुआ जो गुलाबी रंग थोड़ा फीका बेचा
दुकान वाले ने हमको उस होली में,
ऊपर वाले का शुक्रिया हम फिर भी अदा करते हैं
प्यार के कई रंगों का आज भी मज़ा लेते हैं।

17. मुझे यूँ देखकर, मम्मी भी मुस्कराती थी

जब कॉलर स्वेटर में छिप जाया करती थी
मैं ही नहीं मेरे दोस्तों की भी हो जाया करती थी
वो सर्दियों के दिन थे और धूप खिली रहती थी
मुझे यूँ देखकर, मम्मी भी मुस्कुरा दिया करती
थी।

स्कूल से आते-आते, शू लेस खुली रहती थी
मेरे बचपन के दिन भी अनोखे थे कुछ इस तरह
रास्ते मे लोगो की नज़रें मेरी लेस पर
और मेरी निगाहें उनके विस्मित चेहरे पर होती
थी
मुझे यूँ देखकर, मम्मी भी मुस्कुरा दिया करती
थी।

जब इंसीजर का एक टूथ टूट गया बचपन में
दर्द का एहसास तब ना हुआ करता था

स्कूल में दोस्त खुली विंडो उसे कह देते थे
मै हँसता था जब, मम्मी भी मुस्कुरा दिया करती
थी।

फिर एक दिन एक नई दोस्त बन गयी
उसके संग सारा टिफ़िन पीरियड बिता दिया
करता था
वो मेरे साथ पैदल ही आया करती थी
हमे यूँ देखकर, मम्मी भी मुस्कुरा दिया करती
थी।

साइकिल सीखने के दिन जब आए थे
हाफ पैडल ट्राइ कर लिया करता था
चला जाता था अपने शहर मे बहुत दूर अकेले ही
गिरता था कभी-कभी, गिर कर फिर उठा करता
था
मुझे यूँ देखकर, मम्मी भी मुसस्कुरा दिया करती
थी।

एक दिन पापा ने कहा, आज स्कूल तुम्हें नहीं
जाना है
मेरा क्या था, पर पूछ ही बैठा "क्या करना है फिर
आज के दिन?"
हम सब ना जाने क्यों, हॉस्पिटल चले गए थे उस
दिन

दोपहर तक, एक छोटी बेबी मेरी गोद में थमा दी
गयी थी
मैं हँस परा, और मम्मी मुस्कुराती थी।

१8. मैरिज अनिवेरसरी सोंग : जब संग हुए थे हम

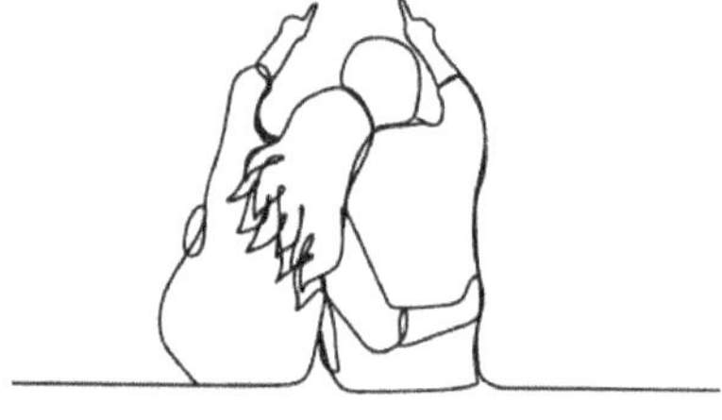

एनिवर्सरी उन यादों की,
जब संग हुए थे हम,
दिन था मंगल, उम्र थी इक्कीस
फ़ोल्डेड टुगेदर इन लव।

तब की बातें, अब न पूछो
हाल था क्या हमदम
यौवन था अपने उमंग पे
कब होगा वो संगम।

एनिवर्सरी उन यादों की...

फेरे सात लिए संग तेरे
शुभ बेला में हम
जब खत्म हुआ शादी-समारोह
चले नए सफर पे हम।

कुछ उमंग, बेचैनी तो होगी
तुम्हें भी मेरे प्रियतम
दिन था मंगल, उम्र थी पच्चीस
जब संग हुए थे हम।
एनिवर्सरी उन यादों की...

१९. हवा पर सवार, मेरी पहली उड़ान

हवा पर सवार, मेरी पहली उड़ान
चली छूने गगन को, चली सितारों के पार
नीचे बादल हैं बिखरे, खेले किरणें अपार
चमकता सूरज है ऐसे, दे हौसलों को उड़ान।

केसरिया होता बादल, दूर क्षितिज पर
आंखे मेरी चमके केसर, मानो हो नया सूरज
कर रही पथ को उज्ज्वल
मेरे सपनों का आकाश।

सारा आसमां खुला, है हौसला बुलंद
आंखे देखे दूर नभ को, रही गूंज मेरी आवाज़
एक दिन चीरता इस नभ को,
उड़ाऊँगा मैं फाइटर हवाई जहाज़।

वर्दी नीली सजेगी मुझ पर, कदम होंगे और लंबे
चूमता मैं शिखर को, पहुँचूँगा चाँद पर,
तीरंगा भारत का पहुँचेगा, सुंदर होगा और नभ
जय हिन्द, जय भारत
से गूंजेगा आकाश।

20. सूर्य देव को प्रणाम है

सूर्य देव और छठी माता पूजन
लाया कार्तिक मास है
शुक्ल पक्ष चतुर्थी से शुभारंभ
होता ये अनुष्ठान है।
छठ पर्व जिसको हैं कहते
यह प्रकृति का प्रताप है
पूरा ब्रह्माण्ड जिससे रोशन होता
सूर्य देव को प्रणाम है।

प्रकृति की षष्ठी माता
रक्षा करती संतानों की
उन माता को स्मरण हैं करते
छठी माता का आज ध्यान है
स्वस्थ जीवन की मंगल कामना
करते घाटों और नदियों पर
बांस की टोकरी मे प्रसाद सजाया
अर्पण करता संसार है।

पूरा ब्रह्माण्ड जिससे रोशन होता
सूर्य देव को प्रणाम है।

शुक्ल पंचमी खरना होता
व्रती करती उपवास है
शुक्ल षष्ठी को संध्या अर्घ्य
व्रत गीत गाता परिवार है
चार दिनों का पर्व यह पावन
अर्घ्य सूर्य को देते हैं
कार्तिक शुक्ल सप्तमी उषा अर्घ्य
छठ पर्व का अनुष्ठान है।

पूरा ब्रह्माण्ड जिससे रोशन होता
सूर्य देव को प्रणाम है।

उदीयमान सूर्य किरणों का तेज
सुख-समृद्धि , मन्वांछित फल लाता है
नमस्कार सूर्य देव को
करता पूरा संसार है।

छठी माता का आज ध्यान है
सूर्य देव को प्रणाम है।

21. अब हमारे हवाले वतन साथियों

उत्कर्ष की ओर बढ़ हैं जो चले
थमने पाये ना अब ये कदम साथियों
है मशालों ने थामी जो आग है
अब हमारे हवाले वतन साथियों।

हम अब थामेंगे उस सूरज को भी
सूर्य स्वराज्य का जो मिला साथियों
करते हम हैं नमन उस गगन को यहाँ
जो है साक्षी, समय का यहाँ साथियों।

अब हमारे हवाले वतन साथियों।

हम ही जायेंगे पूरब-पश्चिम में भी
हम ही उत्तर और अब दक्षिण में भी
जो है पहुँचे मंगल पर ये कदम
क्या शिखर दूर धरती का साथियों?

अब हमारे हवाले वतन साथियों।

व्यापार की नौका कहाँ न गई
आज प्रबंधन शास्त्र का जहां साथियों
विज्ञान की लौ है कहाँ ना जली
है समय से, समय को है, सीखा कीजिए
अब बढ़ते कदम हैं यहाँ साथियों।

अब हमारे हवाले वतन साथियों।

ललकारा किए बाधा जो राह में
चाहे आया किए किस दिशा से भी ही
हो लिए रूप दुश्मन या ही प्रलय
कुचलो ना रुकने पाये कदम साथियों।

अब हमारे हवाले वतन साथियों।

उन्नति है जो राहें बुनती यहाँ
चहूँ ओर हैं बढ़ते हमारे कदम
जो है एक हाथ थकता तो थामे कई
"पाया अमृत जहाँ मे यही साथियों।"